台灣囝仔的草根人生

林有財 著

目錄

逆風中的韌性

附錄

你也可以有一本自己的回憶錄

　　若你問我寫本書的動機為何，我必須先從寫日記這件事開始說起。或許你讀過我其他的作品，或許你沒有，但不論你有沒有讀過我的書，認不認識我這個人，都不會影響你看這本書的興致。現在，你翻開了這本書，你就是我要訴說的對象，請再多給我幾分鐘，容我把我的書寫動機娓娓道來，如果多少能得到你的認同，也不枉我字字費心著墨了。

　　進入從心所欲之年，我才開始提筆撰寫個人傳記。某一日，內子突然拿了一疊廢棄的日曆紙給我塗塗寫寫，沒想到寫著寫著，便從此開啟了我寫作的大門。是的，寫作，剛開始只是單純地將我的前半生一滴一點的書寫在日曆紙的背面，沒想到不知不覺中，我寫完一輪的日曆紙，日曆的景色從永綠變成了冬雪，書寫在悄然間成了我的一個習慣。記錄我的生平不僅是逐字逐句寫下那些發生在以往的片段，同時也是我反芻當時心境的一個媒介，每多寫一些，就有更多新的發現，雖然已是塵封往事，有些當時想不透、想不開的念頭，在經過多年的

沉澱之後，終於找到了出口，得到了解脫。我也越寫越起勁，最後竟然磨練出四次個人傳記付梓的經驗，彷彿在跟我前半生的奮戰彼此呼應一般。

內子撕下的日曆紙觸發了我的寫作欲，藉由書寫，勾畫出昔日貧困生活之種種。年輕時期我們一家在貧窮中度過，為了過上更好一些的生活，我們四處遷移，跟著父親各地輾轉。後來父親過勞逝世，家中頓失經濟依靠，我開始到處打工，擔負家中經濟，鎮日為求溫飽忙得昏頭轉向，哪還作得起求學美夢呢？期間，我陸續經歷喪父、喪兄長之痛，以及失業失戀等打擊，幾經波折後，我半工半讀完成了學業，考進仕途，生活終於逐漸得到改善，達到成家立業的目標後，母親也在此時離我而去。如今回首一看，儘管這條路走來坎坷，然而這些逆境卻激起我不向現實低頭的好勝心，讓我越挫越勇。我將這些磨難當成養分持續茁壯，今日才得以驕傲地扎根於陽光之下，接受溫暖的沐浴。

讀到此處，想必你已經猜到我書寫此書的目的為何了，在許多偉大的靈魂面前，我的一生或許不甚起眼，甚至可以說很老套，畢竟只要活著，失意喪志皆在所難

免，我的「失敗」或許跟你的相差無幾，我面臨的困境也不見得比別人更為艱難，但我從這些失敗與困境中得到的感受成了培育現在的我的土壤，讓我更為堅強，甚至成為了出書作家。

我相信，每個人的人生都是一篇篇獨特而耀眼的樂章，正彈出明亮而高亢的音符，但若未經記錄，則終將無人能看見那生命的光亮。這也就是我寫這本書的目的，我想用我的故事告訴你，將你的生命記錄下來有多麼重要，若你願意，就繼續翻開這本書，開始書寫你的人生吧！

林存財 於桃園寓所

到了人生盡頭，
你想留下什麼給自己？

　　以出版市場的角度來看這本私人日記，有著隨處可見的體材、名不見經傳的作者，與紀實平凡的內容，乍看難以讓人激起購買的欲望，也容易被埋沒在坊間的書海中，但直到翻完最後一頁，我徹底改變了先前的主觀意見，同時燃起替它寫篇推薦文的心情。

　　這本書說穿了就是作者的私人日記，猶如其名，是個土生土長的台灣囝仔，透過作者鉅細靡遺地記敘，毫不添加一丁點的調味料，卻讓可能發生在你我身邊的平凡事件，讀來更有作者「自己」的味道，也就是這種平鋪直敘的筆觸，不帶精雕細琢的華麗詞藻與高超炫麗的寫作技巧，忠實地反映出了作者的草根性格與憨厚態度，讓身為讀者的我們更容易描繪出作者的輪廓，也更能感同身受作者身處的世界、遭遇的經歷。就像走進時光迴廊一般，藉由作者的日記，我們可以依稀在腦海中刻劃出台灣當時的模樣，然而最令人眼睛一亮的，還是作者

那永不放棄、不向現實低頭的靈魂,刻苦耐勞地度過每個浪濤的身影。

「到了人生盡頭,你想留下什麼給自己?」是我對本書中心思想擅自下的一個註解,作者藉由日記強烈地表達出對人生的積極態度,也希冀能以這小小的漣漪帶動其他人正向看待人生中的逆境,將之轉化為生命的能量,達到拋磚引玉之效。本書是小品中的小品,書中自然沒有驚濤駭浪的動作場景、刻骨銘心的愛情故事,或是感人肺腑的生死離別。但如果你是那種懂得人生甘苦、雲淡風清亦是詩的人,不妨花點時間來瀏覽一個陌生老先生的故事,作者想傳達的意涵定能讓你深思良久。

Sharon
集夢坊副總編輯

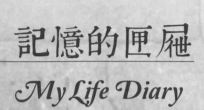

記憶的匣屜
My Life Diary

二〇年代

為了生計，父親放棄農業改當木工，換來得卻是七年的貧困生活，因緣際會下又改行當起礦工，我們家家境才稍稍有了改善，但好景只維持了四年，猶如曇花一現。

21.8.15	家父林木仔出生於新北市新莊區西盛里的農村。祖父林明露與祖母吳鏡共育有五男二女，家父排行第二，下有二位妹妹，一家九口在跟地主租用來的五分田地（約合1467坪）上共同耕作水稻，成為小佃農。二十六歲時與樹林區潭底里的望族——王姓夫妻的養女余米結婚，育有三子。三十七歲時經人介紹到台北酒廠當木工，從此棄農從工。
22.10.29	家父一家五口轉業至台北酒廠工作，次年即民國二十二年秋，我就在八德路二段宿舍（現址為電腦街）出生，排行第四，一家變為六口。家父工資微薄，每月只有

六十五元（當時米價一斤為一角五分），只夠買四十三斤的米，尚無法維持全家人的生計，家母為貼補家用，揹著剛出生的我，到草繩工廠打工編織稻草繩，織好一捆的工資為二角，一天最多只能織六捆，只夠買二斤蔬菜。

24.3.6　一歲多時我在地上胡亂爬行。當時家父正準備外出採買食用油，不知我在走廊與客廳間爬行，便從半樓上把要用來裝油的四角形鐵桶往地面一丟，正巧丟中我頭頂，頓時我血流如注，倒臥在地上大哭，原本就患有地中海型貧血的我，加上這一撞，造成終生「右耳耳鳴」，整天吱吱的鳴響個不停，成了揮之不去的症狀，更加地雪上加霜。

24.3.15　妹妹淑女出生不久後，便送給南港一對柯姓夫妻收為養女，而原本要餵養妹妹的母乳則成為當時營養不足的我的養分來源。

28.8.15　家父辭掉台北酒廠的工作，改到南港母

舅經營的煤礦場當礦工，每月工資為一百五十元；家母則開起了百貨店，由母舅資助了開店資金，我們一家生活因而暫時穩定了下來。

29.8.15　七歲時，我進入了台北市南港國小就讀一年級。

三〇年代

台灣天空戰火密布，而當時服務於石棉瓦公司的二哥則因罹患肺癌年紀輕輕即過世。父親也在此時遷居樹林，恢復成木工的身分，後因積勞成疾病故。

32.5.28　二哥有通在國產石棉瓦公司當了四年的倉庫工，不幸罹患肺癌過世，得年十九歲。

32.8.15　為躲避美軍空襲，與受到二哥因病去世的打擊，家父帶著我們全家離開南港這個傷心地，舉家搬到了樹林居住，並在樹林酒

廠恢復木工的職務。我也因此轉學到了樹林國小，但卻被日人校長要求自備課桌椅方准入學，不得已之下，再度轉學到鄰近的板橋沙崙國小，當時我就讀四年級，同樣是日本人的校長親自帶我到班上，並囑咐班導師替我安排座位，如此和藹可親的校長，成了我永生難忘的一段回憶。

35.7.1　　家父獲配住進樹酒新村職工宿舍，而原租屋處便由大哥、大嫂及三哥承租，三人一起經營起了電器商店，主要負責修理收音機。我到了初職升學考試的時刻，家父親自陪我到位於八德路上的省立台北工職應考。不負期望，我順利考上了省立台北工職。

36.2.28　爆發二二八事變，查緝私菸人員的尖銳槍響震動了整個台灣。我們學校讓學生們提早放學，回家途中我目睹了暴民搶奪商店、焚燒車輛的畫面，火車車廂內時而傳來乘客遭暴民毆打的消息。

36.7.24	家父一早起床後在宿舍自家庭園中掃地時忽然暈倒,送醫急救後,醫生宣判為腦溢血死亡,享年五十二歲。
38.6.15	我從台北工職初級部化學科畢業後,並未再繼續升學。同年八月一日起,為了幫忙分擔家計,我開始打起零工,透過親戚及友人的介紹,我在餐廳當過服務生與領班、在陶瓷窯業廠當化驗工、在戲院販賣部當店員、也當過當鋪的記帳人員、商會幹事與旅社帳房等工作,這樣四處打工的日子一共過了好幾年,一直到我接到兵單才告一段落。

四〇年代

男兒當自立自強,首次入伍就立了小功,退伍後有幸升學高職補校,中途二次徵召入伍又立小功,但是卻在退伍後遭逢失戀與失業雙重打擊。

43.7.8	應徵兵通知我到新竹關東橋營房服補充兵役四個月。補充兵結訓後我獲得台北師管區司令部頒發的個人總成績特優獎狀。服役期間決心戒烟，一星期後戒烟成功。
43.12.31	經摯友吳春和先生的建議與奔走，商會理事長同意讓我回任陽明山管理局商會幹事一職，發售統一發票業務並兼辦會計工作。
44.8.20	我與商會合署辦公的米穀公會總幹事謝天賜胞弟何天明（幼時即給天母何家收養）、其同學吳憲隆，三人有志一同報考私立台北開南商工補校高商科，有幸順利就讀。我被推舉為班長。
45.12.16	接獲團管區司令部臨時召集令，須至湖口基地服常備兵役一年八個月，因此向目前就職的商會與補校辦理留職停薪及休學手續。服役期間，我參加了軍中文藝中文函授班，某個星期假日我正趴在寢室鋁床上層作交付的功課時，被指導員（改制為輔

導長）發現，拔擢我調連部辦公代辦政工
業務。因積極推動政治課程測驗及組訓工
作，經上級業務檢查，獲得最優第一名，
連長、指導員與身為組織幹事的我各記嘉
獎一次。順利退伍，並且獲得區分部小組
工作成績優異甲等連帶三人都獲得嘉獎一
次之獎勵，我甚感榮耀。

47.7.22　　在服役期間認識王姓女友，兩人感情因書
信往返而增溫，已經到了論及婚嫁的階
段，於是女友偕同其祖母來到我位於樹林
的租屋處拜訪。我的房間位於一棟舊式三
合院的右廂房，六間租屋裡的其中一間。
房間的地面鋪的是黃泥土，二房一廳一廚
的格局只有十坪大小，狹窄的客廳兼作走
廊，一張餐桌兼書桌用的四方形桌子靠著
窗戶，其他三面則各放著三張長板凳，一
旁放有二層的菜櫥，只餘留一人可通行的
走廊。客人坐在長板凳上，一臉侷促，放
眼望去居住環境如此簡陋，著實讓女友及

▲民國 43.11.2 受訓結束時榮獲台北師管區司令頒發「個人總
　成績特優獎狀」

送給自己的一句話

做事怕麻煩，總是不能成就大事，因為大事是從一大堆麻煩事
創造出來的。

她祖母驚愕不已。女友的祖母對著我和母親緩緩開口說道：「在現實生活問題未獲得改善之前，暫時不談論婚嫁問題，我不同意你們兩人繼續交往。」這突如其來的宣言猶如晴天霹靂，我就這樣毫無轉圜餘地的失去論及婚嫁的女友。我可以體會現實的殘酷，但也莫可奈何，只能祝福女方早日遇見理想的伴侶。因為這層緣故，我也體認到若要避免如此的情況再次發生，只能努力進學改善家境，將擺脫貧困、加強經濟基礎列為日後打拼的首要目標。

47.8.15

退伍之後，我向服務過的商會申請復職，卻遭到職務代理人賴君約拒絕，主管官署陽明山管理局也下令進行交接，然而理事長與總幹事都不予理睬，對方如此藐視法令、徇私偏袒，而我卻無能為力！僵持數日後，事情仍毫無進展，我只能抱持著凡事退讓一步來化解爭端的心情，尊重職務代理人的選擇，忍痛成全他人，放棄繼續

爭取自己權益的機會，於是我失業了。

48.3.15　待業七個月後，工作機會終於來敲門。家母友人熱心轉告三月間樹林酒廠要招考人事業務助手（工代職）一名。於是我便前往人事室應徵報考，考試當日有十三人參加，我很幸運地從中脫穎而出，獲得久違的工作機會，月底旋即前往報到上班。我想出了一個歸納整合員工保險資料的方法，因此被授命負責「員工保險卡專匣」，統一管理各項保險異動。

49.2.1　由於受到失業之拖累，無法如期復學，拖延了一年，才於今日前往台北開南商工補校申請復學，辦理高商二年下學期的註冊手續，繼續完成我高職未完的學業。

49.5.9　與苗栗後龍人魏紅梅小姐結婚。內人魏紅梅原本是三嫂在遠東紡織廠的老同事，因三嫂結婚而專程北上探望，給了我與內人結識的機緣，由於三嫂積極撮合，加速我與內人的進展，完成婚姻大事。而婚後兩

49.6.11

人也從好姊妹變成了關係良好的妯娌，一起生活，關係更為融洽。

我就這樣一邊工作一邊念夜校繼續進修，朝著人生目標一步一步踏實前進。念書期間，我被開南商工補校選拔為「模範生」並榮獲台北市長頒發台北市公私立中等學校四十八學年度下學期優良學生獎狀及獎品表揚，成為我一生榮耀的時刻之一。

五〇年代

高職畢業後由酒廠一名小技工調升為公賣局市場分析小組的業務員，二年後分析小組面臨裁撤之際，有幸考取特考，正式邁向公務員之路。

50.2.26

星期日上午正在值班之際，產房的一通電話傳來了喜訊：「林先生，恭喜你喜獲麟兒。母子均安。」我按捺興奮地情緒，向

▲民國 44.8.20 入學開南商工補校，途中因入伍
服常備兵役而暫時休學，再度復學時已是民國
49.5.30，此為筆者就讀開南商工補校學生證

送給自己的一句話

錙銖必較只會讓人生感到太累與無趣，不如去幫助別人，其中
所獲得的快樂，反而更能使人生增值。

21

對方道謝：「謝謝妳了，助產士！妳辛苦了。」我的長子濟民誕生，我也終於邁向人生的下一個階段，進階為人父了。

50.6.30　就讀開南補校高商科三年的我結業後，經省教育廳資格考試及格，已具有高商畢業同等資格，並得到資格證明書一紙。

51.3.1　公賣局成立菸酒市場統計分析小組，正向各附屬單位徵召人員，凡高商畢業的同仁均可報名參加，我準備好學歷相關文件，抓緊機會參加了這次的徵選。成功徵選上後，我被派到公賣局員工訓練中心受訓一個月，並於四月一日正式以配銷處業務員受到僱用，受訓後如期向菸酒市場統計小組報到上班並配住宿舍。

51.10.25　次子濟生凌晨在松山區八德路上某間婦產科出生，而我在二十九年前也在同一條道路的台北酒廠宿舍出生，父子倆出生地都在同一地區也算是別具意義的巧合。

53.2.6　菸酒市場分析小組成立以來，執行成效有

▲民國 49.5.9 與苗栗後龍人魏紅梅締結良緣

▲民國 49.6.11 復學開南商工補校高商二年級下學期，榮
　獲台北市長頒發「優良學生獎狀」

目共睹，由於機關首長更替，新任首長有意整頓這臨時編組的單位，決定於六月底裁撤並將成員歸還原建制的配銷處。正面臨遭裁撤的命運時，考試院恰好公布舉辦台灣省地方自治行政人員丙等特考資訊，機會難逢，於是我立刻索取簡章辦妥通訊報名應考。距離考試日期尚有一個多月的準備時間，我以破釜沉舟的心情，白天勤作重點筆記，晚上背誦重點，積極準備，於應考日遠赴台中考場應試，為期兩天。五月一日放榜時，原預定錄取名額僅有四十人，但此次擇優錄取九十人，我因此榜上有名，讓我喜不自禁，大讚自己的好運勢！

53.5.23 接獲省政府的分發通知，要我於五月二十三日之前前往北投鎮公所實習里幹事，為期六個月，期滿之後我便正式被委任為十級里幹事，並分派至大屯、石牌、永和里辦公處工作，服務時間共計四年六

個月。

54.2.18　三子濟元於中山北路二段台北婦產科醫院出生。

55.6.25　被選拔為中國國民黨五十四年度示範小組長，在陽明山中興會堂接受總裁　蔣中正表揚合照。

55.7.20　因緣得知台大夜間部將於民國五十六年七月正式成立的消息，因此跟同事一起報名參加台大夜間補習班（在濟南路法學院上課），修習法政學分，以便日後有資格報考插班生考試。

56.9.1　台大夜間部正式成立並公告招生，我報考商學系插班生獲得錄取，開始進修大學學業。我又開始了半工半讀的生活，每天騎單車從北投的辦公處到公館的台大法學院就讀，上學途中我會順道繞去台北大橋的手套工廠拿取代工物品，放學後帶回家做代工貼補家計。

56.12.1　因為擔任北投區石牌里里幹事辦理戶口及

	住宅普查工作上表現優異，獲得陽明山管理局令記功一次之獎勵。
56.12.18	長女麗娟凌晨在台北馬偕醫院出生。
58.7.1	改調陽明山管理局財政科之辦事員，辦理所屬機關學校財產異動及審核預算。
59.4.1	我就讀台大夜間部商學系第二學期與第三學期都有超過三分之一的選修學分不及格，因此被教務處通知要「試讀」且須減修學分，若下學期選修科目再不及格，將被勒令退學。我不想失去這得來不易的就學機會，只能選修已有基礎的日文作為第二外國語。小學時我日語唸到五年級的基礎派上了用場，我在學期考試考了九十七分，順利拿下三個學分，通過了試讀。後來考量到商學系專業科目難度較高且不易通過，加上之前我在台大夜間補習班所選修二十四個法政學分，能在法律系全數抵免選修等因素，於是申請從商學系轉到法律系。

▲台大夜間補習班上課證，於隔年正式升格為台
大夜間部，筆者在此修習了兩學期，共二十四
個學分

▲民國 55.6.25 獲選五十四年度國民黨示範小組長（第二排右方第
三位），接受總裁　蔣中正先生（前排右方第十位）表揚，與全
省示範小組組長於陽明山中興會堂前合照紀念

59.8.1	家母因肺部不適，住進仁愛醫院接受一個月的住院觀察，我也請了四個禮拜的休假在醫院陪伴家母，後經切片檢查得知家母罹患肺癌。
59.12.20	財政科連科長欲調升我為科員一職，但我因夜間部課業繁重而婉拒了調升一事，而長官體恤我一邊工作一邊念書的辛苦，因而決定從隔年一月一日開始，讓我改調至士林區公所，恢復里幹事的職務。

六〇年代

在好友的協助下順利調至經濟部當辦事員，沒多久母親亦因肺癌辭世。向長官毛遂自薦，成功調升，獲得心目中理想的職務，並得到隨組長出國考察之機會。

60.8.1	跟我一起在陽明山管理局服務的同事張萬福，也是原北投區公所同事及台大夜間部

法律系的同學，跟我是莫逆之交，他先一步調到經濟部訴願會工作後，告知我那邊有缺辦事員的人手，並積極協調經濟部人事處寫商調函給陽明山管理局，同時徵求我的服務單位士林區公所之同意，讓我轉調至經濟部。簽核期間曾遭遇到士林區公所人事室主任以目前基層人員不足為由拒絕我的調職，但我不死心，最後在每週三的各單位首長接見民眾的機會中，請士林區林區長核閱後當下會簽同意，我的商調函順利回復至經濟部。

60.8.23　接獲經濟部派令為經濟部辦事員，並向人事處報到後開始在訴願會辦理文書收發工作。

60.8.27　家母最終不敵肺癌過世，享年七十二歲。我向經濟部請了七天喪假，回到板橋沙崙家母親住處奔喪，以盡孝道。

61.2.1　獲得行政院人事行政局中央公教住宅貸款十三萬元，得到購買一間全家人安身之處

的資金。我最後相中一間位於永和的二樓公寓，共二十三坪，每坪八千元，合計十八萬餘元，扣除得到的十三萬元補助，還不足的五萬元就由內子向她妹妹調借。

62.6.1　為了協助償還房屋借款，內子開始到新店的通用電子公司當裝配員，為了不影響家務，她選擇了從下午四點半開始工作到晚間九點半的小夜班。每天早上等全家人都出門上班上學後，便開始做家事，並在下午外出上班前，將家人的晚餐準備好。

62.6.15　在台大夜間部苦讀六年後，終於修滿一百四十九個學分，得以順利畢業，取得法學士學位。

63.6.2　任職經濟部訴願會辦事員已滿三年，也取得學士學位，我思忖爭取調升到訴願會薦任職科員的時機到了，但因為我未具高考及格的資格不能升任，而遇到升職瓶頸，遂以毛遂自薦呈請長官改調派用機關——物價督導會報薦派組員（相當於薦任），

▲民國 61.2.1 獲得中央公教住宅貸款 13 萬元，自購新北市永和區新家
時所攝之全家福，左起次子濟生、內子紅梅、三子濟元、筆者、長女
麗娟與長子濟民

▲ 60.10.22 台大夜間部法律系同學聚餐，左起黃本仁同學、張萬福同學、
筆者

經政務次長批示，同意我調任物價督導會報薦派組員。

63.8.7　接獲物價督導會報令，指派我為薦派組員。我因此被分派到調查研究組第四科，負責承辦和物價相關的穩定物價方案、法令解釋、編撰本會報施政報告等工作事宜。

64.4.1　兼任黃豆平準基金會幹事一職，辦理追收進口黃豆差價有關訴願及訴訟業務。

65.1.5　簽請部長批准，便委託律師對二十二家欠繳進口黃豆每公噸五十八美元的差價業者向地方法院提起民事訴訟。

66.9.1　後來在景美羅斯福路五段購置一間位於五樓的公寓，共二十三坪（當時每坪價格二萬元），方便長子升學東南工專以及內子到新店電子公司的打工。我仍舊維持住永和當時的習慣，每天上下班都以走路取代乘車，二點五公里的路程只消二十分鐘就能到達，當作健身一樣。而現在改從興隆

▲取得台大夜間部法學士學位畢業證書

▲民國 62.6.15 台大夜間部
畢業，著畢業學士服與學
士帽拍攝畢業紀念照

 送給自己的一句話

遇到挫折，一時氣憤難耐，最忌諱當場暴跳如雷，怨天尤人，
只會顯現憤怒的真面目，並將會被孤立無援。

路口走到福州街的三點五公里，也只是半小時的健身，還能幫助睡眠及胃腸消化。我就這樣走了十五年的時間，健身又節能，何樂而不為呢？

67.8.9　接到人事命令，我被調升為八職等專員，負責承辦訴訟案件。

69.7.22　隨同組長陳朝威二人赴日本、韓國、新加坡等三國考察房地產價格變動狀況及當地政府所採取的對策，為期二十日。

七〇年代

任公職期間一直克盡職守，因此被獲選為優秀員工，並於任滿二十五年申請退休獲准。方要安心養老時，又為了子女未來再度踏入社會找工作。

70.6.7　我接受經濟部指派代表物價會報，連同商業司的蕭慶安、高惠民、法規會的王啟

▲民國 69.7.22 奉行政院令赴國外考
察房地產事宜，筆者（左）與物價
會報調研組組長陳朝威（右）二人
於韓國首爾國立中央博物館前留影

▲筆者於前我國駐韓大使館前留影

▲韓國首爾考察之行，照片正前方建
築為首爾市政府，左邊道路盡頭處
為光化門——韓國總統府

▲民國 69.8.1 赴日考察，由亞東關係
協會經濟組組長（右二）帶領陳組
長（左三）與筆者（右三）參觀東
京明治奶粉公司，懸掛兩國國旗以
示歡迎

東、訴願會的林石根與國貿局的王圭容，
六人共赴東京交流協會，研習日本消費者
保護制度，為期一個月。

73.4.14　被選拔為經濟部七十二年度所屬機構優秀
員工，接受部長頒發獎狀及獎牌表揚。之
前委託律師向黃豆進口業者追討價差補
繳的訴訟也進行到了三審階段，全案於
七十二年一月間判決基金會勝訴定讞，執
行後追回欠繳差價達八成的績效，是本次
我被選拔上的原因之一。

73.7.28　接獲人事令，晉升為綜合組第一科科長，
負責管考業務，另增加二項業務及人員，
一是黃豆基金會收繳差價業務及約雇人員
二人；二是檔案資料室業務及管理人員二
人。

76.8.15　長子當時剛從金門退伍回到羅斯福路五樓
的公寓住家時，因為房子太小只能讓他先
到外面租屋。因此我與內子常在星期假日
四處找房看房，後來選定大安區崇德街

▶上圖：民國 73.4.14 遴選為
優秀人員，獲經濟部長頒
發獎狀

▼下圖：獲選經濟部七十二
年度優秀人員表揚事蹟與
紀念冊

姓　　名：林有財
年　　齡：五十一歲
服務單位：物價督導會報
職　　稱：專員
表揚事蹟：

一、承辦追收黃豆差價訴訟工作，認真負責，維護進口黃豆基金
　　制度，甚具績效。

二、對於物價會報主要經濟指標、供需價格表報之製作編訂，均
　　能潛心設計，並具創意，尤能研討改進，對工作簡化之推行
　　及工作效率之提高，貢獻良多。

三、對於穩定物價執行情形報告之編報及物價管制辦法草案之修訂，
　　思慮縝密，參與動員時期物價管制辦法草案之修訂不遺餘力。

三十一巷一樓住家，共三十七坪（因為是樓中樓，所以實際坪數為五十坪），格局為四房二廳二衛一廚，每坪約九萬元，總價三百三十三萬元，我們夫婦二話不說，便決定買下此宅，也一舉解決了子女長大後居住空間的問題。

78.4.1 三子與長女二人有志一同遠赴日本東京池袋日語學校先修日語一年。但三子只讀一個學期就回國，長女則在結束一年的語言學校後，決定繼續升學，並考上私立東京田中千代服飾專科學校，進修服裝設計。二年級時她參加一九九一年十月外國留學生服裝設計比賽，獲得第一名，贏得獎金二十萬日幣，為國爭光。

78.8.1 服務公職屆滿二十五年後，萌生退休之意，故以罹患腰部脊椎關節炎為由主動申請自願退休獲准，離開公職生涯，這年我五十有七。當天，我將崇德街一樓的自宅以每坪二十五萬的價格（當初以每坪九萬

元購入）售出，以所賺價差購置文山區指南路三段公寓一樓，也是樓中樓，五十七坪大小，隔成六房二廳三衛，一個月後搬入新厝。

78.11.20 我赴日探視長女先修日語的情況，也順便幫她找間單人房，之前因為與三子同住，二人合租雙人房，租金為七萬二千日圓，但現在三子已停修日語返回國內，只剩女兒一人獨住實在浪費，必須找到單人房才能向房東退租。父女倆幾經討論後，決定買份廣告雜誌（日人稱住宅情報）回來尋找，翻閱了一上午才覓得一間二樓木造房屋的一樓，九坪大的榻榻米，租金三萬日圓。我們按刊登的地址找到仲介公司，售屋小姐把房子的鑰匙及地址交給我們，說：「看中意再來簽約。」到了現場女兒看了覺得滿意，就去簽約付了租金。隔天就搬到新租屋處，退掉了原來的雙人房，我心裡的盤算是每個月可省下四萬二千日

圓的開銷。在解決了女兒的租屋問題後，我便在二十五日安心回國。

79.1.1 由於三子與女兒二人高中畢業後，大專入學升學考試都未錄取，加上不能適應就業環境而離職，在升學與就業皆受挫的情形下，二人有意赴國外自費留學，三子就讀美國加州私立大學每月需要四萬多元，女兒在東京服飾專門學校每月也須要三萬餘元，兩人每月就需要七萬餘元，我的退休俸尚不足以支應，因此決定二度就業替孩子籌措留學經費。我開始看報紙上刊登的徵人啟事找工作，只要有機會就前往應徵。茲將我應徵工作的情形列舉如次：

首先我應徵到的第一份工作是上班時間彈性的快遞行業，我只做上午半天，物件都送完就能下班，這樣持續三個月，因為以配送的物件數量多寡來計酬，我的50 c.c. 機車速度無法飆快，以致於送件數量始終無法提升，剛開始的第一個月薪水還有一萬

二千元，到了第二個月就只領了一萬元，最後一個月只剩八千元。

79.4.1　透過認識的人介紹，我到對方親戚在日本橫濱經營的物流倉庫當食品分派人員，雖然是一份夜間的短期打工，但月薪有三萬四千元，且位於日本可以就近照顧女兒，在跟內子商量之後於四月一日啟程赴日。當時所賺得的三個月份工資都給女兒充作學費與生活費用。

79.7.15　回國後，我再度應徵了二家快遞行業，仍做半天，因件數較少，二家各做二個月，每家每月工資平均只有四千元，每況愈下。這時我才驚覺，這種上班時間彈性、又無年齡限制的工作酬勞太不穩定，是該換跑道的時候了。

79.12.1　於是我改到房屋公司作外務員，主要是尋訪售屋工作，試用期二個月，底薪六千元，雖經過兩個月的努力，業績依然掛零，最後只好離職。

八〇年代

由於年紀與體力上的考量,只要有工作機會就飛奔前去面試,歷經十餘年來,四處輾轉只為身在遠方的子女。

80.4.21	沉寂一段時間後,我再度出發,決定找固定上下班時間、薪資穩定又無年齡限制的工作——大樓管理員。這份工作為三班制,每八小時輪班,月薪一萬五千元,無奈同事不斷地冷嘲熱諷,不易相處,做了二個月後只好離職。
80.6.24	我到另一間大樓管理公司應徵警衛工作,二班制,十二小時輪班,月薪一萬八千元。工作到第三個月時,因協助召開住戶大會全數收回住戶公約有功,調升板橋陽明大廈警衛隊長及嘉獎一次併發獎金五百元以茲獎勵。至此我的月薪調升為一萬九千元,前後工作合計四個月又十天。
80.11.5	被前主管陳隊長推薦到宏福保全公司當企

劃專員，月薪二萬一千元，因主管專擅不
易相處，只做一個半月即離去。

80.12.25　應徵全日保全公司警衛組長，三班制，八
小時輪班，月薪一萬八千元，工作七個月
又二十天後改調中和區家美工業園區警
衛，月薪同上，只做二十九天就離職。

81.10.1　應徵衛都保全公司警衛、副組長、組長：
工作時間合計一年七個月又二十四天，調
換工作地點如下：

1. 同慶醫院十二小時單哨，月薪一萬八千
元，工作二十天

2. 景美醫院八小時二班制，月薪同上，工
作二個月又十天

3. 花園新城八小時三班制，月薪二萬一千
元，工作四個月又九天

4. 康和大廈八小時三班制，月薪同上，工
作一個月又二十三天

5. 花園新城八小時三班制，月薪二萬二千
元，工作十個月又二十六天

83.6.1　　應徵忠華保全公司駐警：任職時間前後累計長達六年七個月，期間有陸續回鍋，因此調換的工作地點達三十六處之多，由於篇幅有限故省略地點名稱，這是我在忠華保全公司上班所待的第一處，上班時間為十二小時二班制，月薪二萬四千元，工作時間共計三個月又十七天，因工作環境不能適應而跳槽至別家工作。

83.9.18　　應徵鴻銳大樓管理公司警衛，十二小時二班制，月薪二萬四千元，計調換工作地點三處：木柵敦南莊子大樓、萬寧街綠色傳奇大樓、深坑保齡球館。工作時間合計五個月又二十一天，因工作環境不能適應再度跳槽別家工作。

84.3.12　　應徵宏運保全公司警衛：中和林公館十小時單哨，月薪二萬八千元，工作一個月又五天，也因環境不適跳槽別家。

84.4.17　　回鍋應徵忠華保全公司駐警，工作時間與薪水如前所述，這一次我在這裡工作時間

合計四年八個月又十二天，期間被調換地點達三十一處（即第二處至第三十一處），在最後一處值夜班時，某天清晨被客戶開車出去交換出入口牌子動作稍慢即遭到大聲斥喝嚇到而跳槽別家。

89.1.20　應徵聯安保全公司警衛：十二小時單哨，月薪三萬二千元，工作時間計二個月又二天。

89.4.1　二度回鍋忠華保全公司當駐警，工作地點換了三處（即第三十二處至第三十四處），這次工作時間計五個月又十二天。

89.10.13　長子濟民在桃園創業室內設計工作室，為了提供協助因此向公司請辭。經過四個月又二十天之經營上軌道之後，再回保全公司工作。

九〇年代

三子與女兒相繼學成圓夢，而此時年歲已至從心所欲之齡，因而毅然向公司請辭，偕妻子二人搬至桃園歸隱，也開始我的書寫人生。

90.4.2　　恢復忠華保全公司駐警，最後在這裡工作了一年二個月又十三天，只換了兩處（即第三十五處至第三十六處）。以上是我二度就業中，應徵工作的簡略記載，其中在忠華保全公司就待了三次，工作時間長達六年七個月又二十四天，是所有的工作中最久的一家。回頭想想，為了替子女籌措學費而再度就業的這段時間，到功成身退、無須再替子女擔心的時候，我一共工作了十一年三個月又十四天。這段期間，三子濟元在美國已陸續取得碩、博士學位，順利成為大學的助理教授；另一方面，女兒麗娟則在日本就業與結婚，兩人都已有所成就，圓了自己的夢，如今已不須我

擔心操煩，而我已 69 歲該是歸隱的時候，因此向公司周總經理正芳先生請辭退職，也表達了六年多來的照顧與提攜的感謝之意，尤其不嫌棄我跳槽回鍋二次，都歡迎我回來歸隊指派工作，更是由衷地感激。

91.4.11 退職後，我閒著沒事，就先到中山北路一段的永漢日語補習班修日語三個月。

91.7.8 接著到羅斯福路三段的青山外語補習班進修英語及日語六個月，並參加日語一級檢定考試，但未獲通過。

92.6.29 之後我又到吳興街樂器行學習手風琴及吉他一個月，並偕同孫子林家禾選購喜愛的小提琴，請音樂老師教導、勤練，現在小孫子已經可以和彈鋼琴的姊姊佳慧在舞台上合奏表演。

92.9.30 到永和中山路飛燕音樂教室學手風琴合音一個月。

92.10.25 長子為替我慶祝七十一歲的生日，帶著我與內人、家眷一行六人跟團去日本遊玩，

為期五天，順道繞去橫濱，到女兒麗娟與
女婿他們新購的大廈住宅參觀一番，也去
他們在元町經營的珠寶行參觀首飾，受到
親家母的午宴款待，某晚還有機會乘坐觀
光輪船欣賞東京灣美景，看到內孫與外孫
四人在輪船上嬉鬧玩耍的場景，著實讓我
心情滿足無比。

93.2.24　參加台北市婦女會研習初階電腦課程，歷
時二個月又十八天。

93.7.6　報名巨匠電腦研習高階電腦課程一年。

94.7.6　偕同內子到新店佳園路北新游泳池游泳，
內子不會游泳，所以參加泳訓保證班，學
費一萬元。沒想到內子雖然已經六十六歲
了，還能勤練各項動作，十五天就學會蛙
式游泳。五個月後，我再鼓勵內子參加自
由式的泳訓，學費九千元，這次內子一個
半月就學會如何游自由式，連同仰式游泳
也一氣呵成，從此我們夫婦倆一起晨泳未
曾間斷。

94.12.29	女兒偕同女婿、外孫四人回娘家省親，長子及長媳開二部車載我們到日月潭及清境農場一遊，晚間一行十人夜宿涵碧樓及農場民宿。
95.3.25	我和妻子二人遷到桃園市民有十二街四十九號的四季水花園大樓居住，與長子的住所比鄰而居。原木柵指南路住家則交由次子一家四口居住。
96.8.4	長子濟民購買 BMW2.0 黑色轎車一部，做為我七十五歲的生日禮物。
97.5.11	我和妻子二人改到八德市的活水健康世界繼續晨泳，並購買年票入場。暑假時便帶著長孫政聿、俊聿二兄弟（分別為國小三年級與幼稚園大班）參加泳訓班一個月，孫子們已會游十五公尺了。
97.8.10	這天，妻子將每天撕下來的日曆紙累積了三十三張，忽然遞給我說：「背面可寫自傳打草稿。」開啟我寫自傳的念頭，從此日曆紙成為我寫作的園地，而且節能又環

保。

97.11.18	我的第一本回憶錄《如何在逆水行舟中掌舵》初試啼聲,寫了二十頁,整整用掉三十三張日曆紙,花了三個月才完成,後交打字行試印十二本送親友參閱指正。
98.7.1	重新查看後,我發現到我使用的措詞與遣詞用字過於貧乏簡單、附件比正文還多,以及使用 A4 紙印製不適合書本珍藏等許多缺點,因此進行第一次修訂,這次擴增了五十一頁,改用 A5 紙張,再交打字行印製二十本,送親友參閱指正。
98.10.29	進行第二次修訂時,長子濟民的一句話「若能寫到一百頁可交由出版社印行」激勵了我,一口氣寫出一百二十九頁的內容,打字影印三十本,送親友參閱指正。
99.10.29	進行第三次修訂,我增補了子女四人的求學、就業與創業情形,還放了值得紀念的照片,完成了二百四十三頁的回憶錄,並將書名改為《突破逆境的人生經驗談》,

▲民國 95.3.25 筆者與妻子在桃園寓所前庭園,與次子一家四
　口合影。左起次子濟生、筆者、孫兒家禾、內子、次子媳鳳
　新與孫女佳慧

▲民國 94.12.29 長女偕同女婿、外孫四人返台省親,連同兩
　老與長子一家至清境農場遊玩,並於民宿前合影留念

後來稍稍改變了書寫格式，從原本橫式書寫改為直式，跟出版社洽詢後發現對方出版意願不高而作罷，改由印刷廠印製一百本，贈送親友、同學參閱指正。

一〇〇年代

以大半生的回憶為底，將截至目前的人生經歷一一記下，化成文字，所幸得以付梓，至今已出版《因為堅持讓夢想變簡單》與《誰說現在學日文太晚》二書，目前正持續創作中。

100.5.1　自傳進行第四次修訂，恰巧遇到桃園縣文化局舉辦「第四屆全民寫傳記」徵文活動，並依規定自訂題目為「突破逆境闖出一片天」，增列家父原為小佃農的種稻心路歷程，改為 A4 紙雙面列印，共八十頁，橫寫加上封面影印，裝訂成七本送審，但

仍未獲入選。

101.1.16　進行第五次修訂，以前次送審的八十頁內容為底，在自序前增列個人履歷及子女四人相繼效法上進創業有成事例，修訂至一百四十三頁，書名改為《突破逆境力爭上游》，打字影印裝訂二十本，送親友同學參閱指正。

101.3.18　同時，想以自己的日文學習經驗著手第一次日文書的撰寫，命名為《打通日語的學習瓶頸》先以 A4 紙單面橫寫，寫了五十六頁經洽商中和區中山路華文自資出版平台估價後，於六月十一日簽訂委託出版、設計、印製及經銷合約，編輯時增加篇幅為一百二十頁，印製一千本，總價款十一萬二千元。

101.11.16　在責任編輯的建議下，同意將本書書名改為《誰說現在學日文太晚》，於本日完成出版，我取十本留存，並陸續郵購五十本分送親友、同學，而永漢、青山日語補習

班我也各分送二十本提供參閱指正。

102.1.10　經過五次修訂的回憶錄，重新整合後將書名改名為《與貧窮奮戰二十年終於嶄露頭角》，篇幅達二百頁，送請華文自資出版平台估價時，編輯表示本書為「流水帳式的回憶錄，編輯時無法全部更改原文，建議改寫成小說型的勵志書，在行銷上較容易讓讀者接受，改好後再行估價。」

102.2.16　聽了專業編輯的建議後，我回頭開始將流水帳式的回憶錄改寫成小說的型式，以勵志為取向，將內容濃縮成九個篇章及一個專訪二大架構，完成頁數為二百二十三頁，自費出版預估要十二萬五千五百元，我與出版社人員相約在四月十六日簽約，便開始了回憶錄的編輯、設計與印製流程。

102.10.1　本書採納責編的建議將書名改為《因為堅持讓夢想變簡單》，總頁數為二百一十六頁，是一本勵志書籍，我歷經無數次修訂

的回憶終於問世出版,內心不無感動。首刷印製一千本,行銷全省各實體書局與網路書店,而我也領取五十本,除了自己留存外,也寄送給親友與同學,另送給母校沙崙國小十本、開南商工補校五本、台大夜間部(九七年改制為台大進修推廣部)二本與日語書二本以供參閱指正。

103.1.10 閒不下的我開始了《活用簡明日記本》的撰寫,我寫這本「書」的目的是想讓給像我這樣年齡的人士,一種藉由整理自己的人生的各項紀錄,例如生平記事、學經歷、家庭人口、各式值得留存給下一代的回憶與照片等,一本可以自行練習與統整的樣本,做為親子傳承的筆記。隨書記錄筆者的生平記事,將八十年來所見所聞、親身經歷的求學、就業、老來才寫作的艱辛歷程及點滴心得彙集成冊,俾使讀者撰寫日記、傳記時有跡可尋就容易上手了。

103.7.30 《活用簡明日記本》的初稿計 112 頁,先

以 A4 紙送打字行打印十本，為了與讀者共同分享，遂有出版之議，並送請華文自費出版平台重新規劃設計《給熟齡人的人生回顧筆記本》，分成兩部分，前半部為本人的傳記示範，後半部夾冊則提供讀者可自行運用的空白記事本，我與出版社雙方同意後已於七月三十日簽訂委託企畫、出版、設計、印製、行銷合約，開始編輯、設計與發行之作業。

104.6.17 《給熟齡人的人生回顧筆記本》的書名採納責任編輯之建議改為《台灣囝仔的草根人生》一書並附贈《記憶寶盒》功能手記一本，完成印製出版。

逆風中的韌性

Never Give in to Adversity

懵懂兒時期

民國22年10月29日～29年7月14日（六年八個月）

　　我出生於台北市八德路台北酒廠的宿舍，家父原先在新莊西盛里的農村務農，我出生的前一年，父親來到台北酒廠當木工。由於工資微薄，無法維持一家六口的生計，家母不得不揹著剛出生的我去打工編織稻草繩（腳踩式草繩機）貼補家用。母親雙腳踩著踏板轉動草繩機，一邊用手將稻草一束一束送進結草繩的漏斗型入口處，目不轉睛地盯著結出的草繩粗細、大小是否均勻，經常無法分神顧我，導致餵食我的時間不正常，時常我早已餓得在背上哇哇哭個不停。織好一捆草繩需要一小時

▲母親余米為貼補家計到草繩工廠打工

卅分左右，直到一綑草繩終於完成後，母親才能停下草繩機，解下揹在背上的我哺乳片刻。狼吞虎嚥地吸吮著母乳，見我終於饜足之後，母親立刻把我揹回背上，轉身踩動踏板繼續編織草繩。

　　如此趕工編織草繩的壓力下，要充分餵乳給小孩委實不易，也就無法顧及營養與均衡了，我的幼兒記憶就在餓肚子與抗議的哭鬧聲度過了。為了改善生活，加上當時風氣相當重男輕女，小我兩歲的妹妹出生沒多久便送給了南港一對柯姓夫妻做養女，而母親多餘的奶水便繼續哺育我，彌補我因餵食不正常而導致營養失調的身體。而我先天就患有的「地中海型貧血」，讓我身形更顯消瘦。

　　一歲多時我遭逢人生第一場意外。某個星期假日父親要外出買油，因此爬上梯子想從半樓樓上的置物處拿出裝食用油的四角空鐵桶，也沒注意，就將鐵桶往地面一丟，恰巧丟中當時正在地上爬行的我，我的頭破了一個口，頓時血流如注，倒臥在地上大哭，父親見狀趕緊下了梯子將我抱起，小心翼翼地擦拭我染滿血跡與眼淚鼻涕的臉頰，鄰居也好心提供草藥，好不容易才止住了血。直到現在，我的頭頂仍留有鐵桶角碰擊凹陷的痕跡。加上我本來就有的貧血基因，更是雪上加霜，可說是「先天不足，後天失調」的最好寫照。

　　有一天母舅到宿舍來看我們，他看到母親拼命工作

賺取一捆二角錢的工資，非常不捨，
便建議父親到他經營的煤礦場當礦
工，工資是木工的二倍，雖然危險
性相對也增加，但對我們一家的經
濟有所改善，父親便毅然決然辭
去在台北酒廠工作了七年的木工工
作，於民國二十八年八月舉家搬到
南港，母親編織草繩的副業到此也
劃下了休止符。

▲家父林木仔在
三十七歲時棄農從
工，舉家遷至台北
酒廠

顛沛求學路

民國29年8月15日～35年8月14日（六年期間）

民國三十二年爆發太平洋戰爭，起因於日本偷襲美
國珍珠港，使美國加入戰局與日本宣戰，當時還受到日
本統治的台灣順理成章成了美軍報復的對象之一，台灣
各地的日本軍事設施陸續遭到美軍的密集轟炸。那時我
就讀南港國小三年級。加上我的二兄有通也在當年過世，

成了我們搬離南港的主要原因。小學畢業後，我二兄便到南港國產石棉瓦公司當倉庫工，負責點交石棉瓦出入庫數量，當時由於資訊尚未普及，不知吸入過多石棉灰塵會致癌，工作四年餘就罹患了肺癌，年紀輕輕便過世，得年 19 歲。

▲二哥林有通（右一站立者）小學畢業後就到南港國產スレート株式會社（國產石棉瓦股份有限公司）當倉庫工人，斯年 15 歲

家父為躲避美軍空襲，在跟家人討論後，決定離開南港這個傷心地，遂於同年八月搬到樹林後街王土龍碾米廠後棟租屋居住，並取得同為專賣局的樹林酒廠允准，

重新擔任起木工的工作。既然搬到了樹林，我理當轉校到樹林國小就讀，但途中遇到一點小麻煩，當時樹林國小的校長是日本人，對我們態度很不友善，甚至對我們提出「要自備課桌椅才准轉學」的要求，不得已的情況下，父親只好讓我轉入鄰近的板橋沙崙國小。雖然校長同為日本人，卻毫不遲疑地允准我的轉學申請，讓我順利成為沙崙國小的學生。

　　轉學到沙崙國小的那幾年，我每天打著赤腳上課，還帶鋤頭抽空在學校空地種菜，也收集廢鐵、空瓶、空罐、舊輪胎等資源回收，給日本軍人當作戰備材料。這種日子持續到了台灣光復的那一天。一九四五年八月六日與九月二日，美軍在廣島與長崎分別投下原子彈後，日本在民國三十四年十月二十五日宣布無條件投降，正式結束第二次世界大戰。台灣脫離日本政府的統治，改由國民政府接管。那年我就讀國小六年級，學了好幾年的日本教材開始改成了國語的注音符號。當時的學生多出身務農之家，加上改成國語教學後等於是「鴨子聽雷」的狀況，來上課的同學變得越來越少。新任的王祖發校長為了我們這群即將畢業的學生，決定親自開班授課。

他讓我去號召同學回來上課，於是我四處奔走，對著同學們說：「王校長要親自教授注音符號，只有三十七個音，ㄅㄆㄇ很好學的，快來上課喔！」漸漸地，回來上課的人越來越多，等到畢業後，大家的國語程度也都有了顯著的提升。

雖然我們班有五十個人，繼續升學的卻不到十人，這些人當中有五人考進樹林初中，有兩人考進台北師範學校，而我與另一名同學則考進了台北工職（國立台北科技大學前身）。就讀小學這段期間雖然伴隨著烽火與警報聲響，偶爾出現的石子打斷了我往前邁進的道路，但我還是緊緊把握住這得來不易的念書機會，每一年都全勤，而我這時候的身體也算健康。

白色恐怖與死別

民國 35 年 8 月 15 日～38 年 6 月 16 日（三年期間）

我選擇報考省立台北工職初級部化學科，雖然順利錄取，但我的課業成績並不理想，最主要的原因就在於

我當時還不太熟練國語，而化學科的專門術語本來就不容易理解，更遑論是否能即刻用國語聽懂，因此學期成績一直敬陪末座，讓我的心中萌生極大的挫敗與無力。民國三十六年二二八事件爆發當時，我還在就讀初工一年級下學期。當天學校無預警的宣布提早放學，我按平日的習慣走向台北火車站，想搭車回樹林，沿途中不斷看到暴民在商店搶奪財物、燒毀車輛，火車站也受到波及，狀況一片混亂，車廂內還可以看到暴民毆打外省籍及客家籍同胞等暴力場面。在此情況下火車無法發動，我只能繼續步行到萬華，與三兄有亮會合，再一起沿著火車軌道走回樹林。回到家時，已夜幕低垂。

不過半年，支撐我們家的經濟支柱終於倒下。家父因長年累月從事粗重的工作，身體再也無法負荷之下，於民國三十六年七月二十四日腦溢血病逝於職工宿舍，卸下他辛勞一生的重擔，享年五十二歲。

父親過世後，我們被迫遷離員工宿舍，最後來到一間碾米廠租用三合院的右廂房充當落腳處，那裡靠近樹林火車站，方便我通勤上學。我們一家經濟的重擔落在母親瘦小的肩上，透過介紹母親開始到台大醫院當看護

工。從我升上初工二年級以來，每
天中午下課後要趕到台大醫院與母
親一起吃午餐，然後打包一些剩餘
飯菜帶回家當晚餐，接著再趕路回
到新生南路的學校上下午的課。每
一天我都是利用學校午餐時間來回
在學校、台大醫院與家之間，為了
趕時間，常常吃得匆忙，讓我的胃

▲筆者 17 歲初工畢
業照片，身著母親
縫製的學生制服

無法充分休息，影響了消化器官的蠕動機能，埋下日後
經常胃痛的病兆。

在極度刻苦忍耐的環境下，我完成了學業，於民國
三十八年六月從初工畢業。

四處打工賺家計

民國38年8月1日～43年6月30日（四年又十一個月）

初工一畢業，我開始分擔家計，四處打零工。我曾
在國際戲院販賣店當店員做了三個月，因為有機會試吃

糖果業者提供的新產品，使得糖分攝取過多，胃酸分泌過多讓原本就有胃痛毛病的我更加身體不適，我也因此離開該工作崗位。

後來我到位於新北投的嘉賓閣旅社當帳房，雖然薪水高又供吃住，工作單純只須將客人點菜開發傳票給廚房製作料理，以及住宿費之結帳，但工作時間實在過長，從晚上六點到隔天上午九點，長達十五小時，熬了一年多後體力終於不堪負荷，於是決定請辭。後來我來到新竹市的新新餐廳當服務生兼領班，這間餐廳一樓是餐廳，二樓是酒家，我需要兩邊跑，常常是做完了餐廳的工作後到樓上酒家再繼續。餐廳營業至半夜，工作人員需要等客人都散去後才能去收拾碗盤，等所有的碗盤洗好也已過了午夜一點多，補個眠之後隔天一早十點接著又要到樓下餐廳工作，就這樣每日循環，工作時間不僅漫長也很辛苦，但因為老闆對我的照顧與鼓勵，讓我有了堅持下去的動力，直到我收到補充兵訓練的通知單，才告別了這個服務六個月的工作環境。

濃醇香豆漿好滋味

民國43年7月8日～43年11月8日（四個月）

　　二十二歲時，我到關東橋營房接受四個月的訓練。部隊的伙食是由補充兵輪流去採買的，我因為曾在新竹餐廳打工過，所以菜市場的人大都認得我，輪到我採買時，經常可以比別人得到既優惠又實在的好食材。某日，我請一位菜販老闆幫我調配一連的四菜一湯食材，沒想到傳了出去，竟然就成了全團的伙食示範連，各連都來我們這一連觀摩，群起仿效，進而改善了全體士兵的伙食。又有一次，我主動向長官請示，建議將營區內向外購買的豆漿改為手工製豆漿，一方面能兼顧健康與味道，一方面也能降低成本。長官同意後，我就去買石磨及黃豆回來磨，做出的豆漿既濃又香且營養，從此部隊不再向豆漿店買現成的豆漿回來稀釋，反而帶起全團各連競相自行研磨豆漿的風潮。

　　當兵期間，我因為具有國語與台語的雙聲帶能力，被選為野外戰鬥訓練教官的台語翻譯，負責將長官們充滿腔調的國語翻譯成顯白的台語給眾士兵們聽，但新竹

著名的九降風卻讓我吃足了苦頭,每次訓練都要大聲嘶吼以壓過強烈的風勢,因此嗓子都喊到沙啞,甚至發不出聲的地步。不過經過一段時間的休息後,也就恢復原本的樣貌了。

入伍期間,因為薪餉只十五元,為了全數拿給母親貼補家計,我將抽菸的花費三元六角省下,僅一個禮拜的時間便成功戒菸,而這段時間也因為作息正常以及體能操練之故,我的

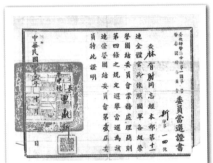

▲受訓期間擔任伙食採買,讓連上成為伙食示範連,獲得全團榮譽團結委員當選證書

身體狀況也有了大幅度的改善。

連夜雨無情打擊

民國43年11月9日～48年3月29日(四年又五個月)

補充兵結訓退伍後,我花了一些時間思考未來的路

　　該如何走，後來我得出一個結論，那就是要脫離目前貧窮的生活就需要繼續讀書。所以我捨棄返回新竹餐廳工作的念頭，跟好友吳春和商量後，選擇到未來較有發展可能的商會工作，在商會理事長的同意下，我在民國四十三年十二月底回到陽明山管理局商會擔任幹事，負責處理會計及統一發票核發業務。

　　隔年八月，我夢寐以求的機會來臨了。我與同事的弟弟何天明，和同學吳憲隆三人一同報考開南高職商工補校高商科。我們三人都順利考上，正式成為開南商工高商科的學生。但升上二年級上學期時，我接到臨時召集令，必須到湖口基地補服常備兵一年八個月，只得辦理休學，暫別同學與好友，再度入伍服役。

　　即便再度入伍，我也不忘情於向學，因為我知道只要我放手，我就會離目標越來越遠，只有堅持下去，我就能再度掌握機會。我參加了軍中開辦的軍中文藝函授班課程，努力學習國語。某日我待在寢室的鋁床上層，正在用功讀書時，被指導員發現，向連長稟報我的情形，因此我被連長指派擔任連部辦公代理政工業務，辦理組訓，遇有時間就召集充員上政治課，並隨堂測驗，自行

命題、印製考卷以刻鋼版油印，經過數個月的磨練後，我越來越熟練，因而獲得業務檢查最優第一名，連帶使連長、指導員均獲嘉獎一次。

▲民國 45.12.16 至湖口基地服役，筆者（左）受連長陳榮槐（右）暨指導員曾海南（中）拔擢調連部辦公，代理政工業務，因績效良好，三人連帶獲得嘉獎兩次

　　服役期間，我認識了第一任女友，兩人相談甚歡，進而書信往來，感情發展到談論婚嫁的地步。但在女友及她的祖母來我們家拜訪後，一切就變了調。我們當時住在舊式的三合院裡，一家五口擠在不到十坪的房間裡，客廳與房間狹小不說，還須跟同住在三合院內的其他人家共用一口古井及一間廁所，圍牆邊搭建的廚房則兼做洗澡間，僅用木板遮蔽，毫無隱私可言。女友的祖母看

到如此簡陋的環境後當場臉色鐵青了起來，一段針刺般
的沉默過後，便當著母親與我的面斷然宣告要我們分手，
毫無挽回的餘地。我失意了好一陣子，雖然能理解為何
會被迫分手，但內心還是禁不住痛苦與難過。漸漸的，
我慢慢釋懷了，開始了解到珍愛對方的話就要尊重對方
的選擇，當下的我確實無法給予女友足以溫飽的能力，
不能許給她一個光明幸福的未來，若陷於自怨自艾，也
只是增加雙方的痛苦。經過這次慘痛的分手後，我深切
了解到唯有脫離現況，才不會再次面臨現實無情的打擊，
而脫離清貧的手段早已在我心底扎根許久，能幫我衝破
束縛與阻礙的唯有念書一途。

　　退伍之後，我向原服務單位申請復職，打算一邊工
作一邊完成學業，讓忙碌的自己忘卻失戀的痛苦，殊不
知，另一個打擊接踵而來，不給我喘息的機會。代理我
職務的人拒絕跟我交接，漠視行政公文的命令，長官也
袖手旁觀，經過數日的僵持之後，我聽了母親的勸諫，
放棄自己的權利，退出商會辦公樓這個舞台，去另覓一
處天空。在遭逢失戀與失業的雙重打擊之下，我暫時到
北投好友吳春和那邊，幫忙處理一些雜務，或是負責大

會手冊的印製事宜，來賺取微薄的工資。我想，現在自己正處於人生低潮，只有將熱情投注在某個地方，讓自己有更大的目標，才不會陷於過去。

風雨過後曙光乍現

民國48年3月30日～53年5月22日（五年又兩個月）

　　失業半年後，我的人生遇到了轉機。母親的友人告知我們樹林酒廠要招考人事業務助手工代職一名，我認為這是個好機會，它是公營機構，比民營機關來得穩定，福利也不錯，因此我毫不猶豫的前去報考。很幸運獲得這唯一一名錄取名額，接著報到上班。在經過一連串的挫折喪志後，我得到了在公家機關上班的機會，我處於低谷的境遇竟然出現往上攀升的曙光，真是讓我喜不自勝，而這還只是開端而已。曾一度中斷了的學業也再度開始了。工作步入軌道後，我向開南商工補校申請復學，接續念二年級下學期，除了繼續因當兵而中斷的學業外，老天彷彿開始眷顧起我來了，往後數年好事接連發生，

人生可謂苦盡甘來。

　　重新就業後，我的心情格外地舒坦踏實。當時因為三兄與我相繼結婚，使得家裡欠了一大筆債，於是母親開始製作紅龜粿來販賣，貼補家用，內子紅梅也跟著幫忙。但像揉糯米團這種需要出力的工作則由我包辦，所以每天上班前我要先把糯米團揉好後

▲內子魏紅梅 17 歲時，北上就業所攝

再趕上八點的班，接著五點下班後趕搭五點半的火車到台北開南補校上課，下課後搭十點的末班車，回到家已將近十一點，但內子仍將飯菜熱好，讓我疲累一天的身心都得以舒緩。雖然每天都過得忙碌卻也非常充實，我了解這份時光得來不易，因此分外珍惜，畢竟只要三年就可念完的學程，我卻因臨時召集入伍被迫休學，拖了六年才畢業，我的升學之路充滿坎坷，但最後我仍以優良學生的身分畢業，我將這過程視作是一項磨練，為了讓我通向更美好的未來的挑戰，以如此的角度來看之前的種種失意，心情也不免豁達了起來。

四處輾轉夢想不屈

民國53年5月23日～60年8月22日（七年又三個月）

因公賣局面臨裁撤，我被迫轉換工作，就在此時，考試院舉辦了丙等地方自治行政人員考試。順理成章，我把握了這個機會，順利通過考試後，被分發到北投鎮公所民政課去實習里幹事。這個職務美其名是地方自

▲原公賣局菸酒市場統計小組成員於裁撤後闊別 33 年的全員重聚合影留念

治行政人員，最主要的工作是輔助里長辦理里鄰行政業務，因管轄範圍最小，所以只是個「芝麻綠豆官」。結束六個月的實習後，我正式成為一名公務人員，第一個被派駐的地方是北投的第一大里大屯里，那時大屯里已經有一位里幹事，但因該里幅員廣大，所以再增設一位里幹事。我才剛到任，就接獲通知各地主申報地價的任務，其中雖有一些插曲，但最後還是圓滿落幕，在此服

務三個月後，我被調到石牌里辦公處，遇到戶口及住宅的普查，需要仔細核對各戶的巷弄門牌號碼，極考驗稽核人員的耐心，而我最引以自豪的就是比人強烈的細心與耐心，最後做出的成果也得到長官的讚賞。我想表達的是，我做的這些工作其實並不有趣，也不好玩，甚至可以說枯燥乏味，我認為，與其期待工作的本質有趣，倒不如施點魔法讓自己投入其中，發現箇中樂趣更為實在。我喜歡服務大眾，只要想像到我現在的付出能讓人們往後更為便利，便覺得這樣的辛勞很是值得，而這就是讓我發現工作之所以有趣的魔法。

後來，我被調到永和里辦公處，我在這裡待了一年又六個月。每天都騎著腳踏車在里內穿梭，不是發放就學與預防注射通知、敬老禮品或冬令救濟品，就是處理各項選舉事務所的設置，通知里民選舉、貧民醫療服務、申報綜合所得稅服務、協助戶口及住宅普查、宣導政令及召開里民大會等。這些日子裡每天都過得充實而忙碌，但對我來說，最大的收穫反倒是因為天天騎腳踏車讓我的身體益發強健這一事了。

當了五年的里幹事後，我漸漸感到不滿足，我想學

以致用，內心萌發向
上發展的企圖，於是
我向財政的許根勇請
託，他是我在北投區
公所的同事，請他將
我引薦給陽明山管理
局財政科的連科長。
科長同意下，我順利
調任陽明山管理局當

▲民國 55 年北投鎮公所舉辦自強活動，
　由鎮長李德財（右邊第六位繫領帶
　者）率領同仁至花蓮鯉魚潭自強活動

辦事員，擔任財務行政工作。在財政科工作一年半後，
頗受長官賞識，欲調升我為科員，但當時我為了精進自
己，同時在台大夜間部進修，處於蠟燭兩頭燒的狀態，
怕因此耽誤了工作與學業，只能婉拒。連科長體恤我，
將我調到上學交通較為便利的士林區公所。重拾里幹事
一職而拒絕得之不易的財政科員職務，真是讓我很兩難，
之所以選擇放棄高升，是因為我知道我更想做的事情是
投資自己，若因升遷導致工作與學業都無法顧及，必定
會讓我後悔莫及。

　　張萬福是我在北投鎮公所實習時的同事，在我被調

到陽明山管理局財政科不久後，他也被調回民政處，我們有一段時間都在管理局辦公，更巧的是，後來也一同上了台大夜間部進修。後來，他先一步調去經濟部訴願會工作，便積極居中協調，讓我到經濟部當辦事員。這段情誼與緣分，總在我需要的時候適時的伸出援手，為我的人生增添幾許美好的回憶。

毛遂自薦與學以致用

民國60年8月23日～67年8月8日（六年又十一個月）

我跟張萬福又在同一處辦公，成了同事，同時也是夜間法律系並肩的戰友，回頭想想，從在北投鎮公所結識以來，張萬福真是我的貴人。我會進修台大夜間部以及來到經濟部服務，也都因為他的緣故，對於這段接受比施予來得多的友誼，我內心總是感到些許無措，卻也打從心底感謝張萬福這個摯友。

剛到任沒幾天，就傳來噩耗。母親近幾年來身體一直不適，到醫院檢查才發現罹患了肺癌，出院後母親被

三兄接到板橋沙崙住處休養，但最終仍不敵病魔，於民國六十年八月二十七日辭世，享年七十二歲。母親臨走前，曾囑咐我一些話語，交代好後就靠在我懷中，安詳的走了。我握著她那長滿繭的雙手，感受她的溫度漸漸流失，望著她那布滿風霜的白髮與被歲月刻下的皺紋，眼淚不住潰堤而出。在父親病逝後，母親堅強的扛起一家子的生計，在那個衣食匱乏的年代中，努力讓我們小孩子得到溫飽，這樣的背影永遠留在我們心裡，我一路汲汲追求更上一層，就是希望有一天讓母親卸下肩上的重擔，安享晚年，但卻還是來不及，也成了我心中的遺憾。

轉調到經濟部的第二年，我分配到中央公教住宅貸款名額，能得到十三萬的補助，於是我開始尋覓我的第一間房子，後來選定位於永和區福和路的一間二樓公寓，二十三坪大小，總價十八萬元，入厝的第一天，全家興奮地躺在地板上，流浪這麼久終於有屬於自己的房子了。想想從民國五十一

▲內子紅梅（前一）到新店通用電子公司當裝配員，篩檢半導體製成品之作業情形

年搬離樹林以來，直到搬進現在這間公寓為止，這之間經歷了九年又十個月的時間，我們四處搬家，平均一年多就搬一次，現在總算有了自己的家，也可讓孩子免於轉學與打包行李之苦。

為了買房，內子紅梅向小姨子調借了五萬元，以補足差額。為了償還這筆借款，紅梅開始到新店通用電子公司打工當裝配員，且為了不影響家務，選擇下午四點半至晚上九點半共五小時的小夜班，回到家時已經十一點，孩子們都已酣然入夢。我也會在下班後幫忙做家事，在跟孩子一起吃完晚餐後，大夥一起輪流洗衣、洗碗，分工把家事給完成。

我一開始在台大夜間部念的是商學系，但選修科目的成績都不好，連續兩學期不及格的科目都超過了三分之一，因此被教務組通知試讀並減修學分，選修科目再不及格者，就要被勒令退學。我才驚覺要是再不積極用功或謹慎選課，就要喪失求學的資格了，因此我選了有把握

▲民國 56.9.1 考進台大夜間部商學系，著軍訓課學生制服

的日文當第二外語，畢竟我小學到五年級都是用日文教學，果不其然，我學期考試考了九十七分，輕鬆獲得三個學分，化險為夷通過試讀。趁此機會，我向學校申請轉到法律系，之前我在台大補習班選修的二十四個學分都是法律相關科系，可以將這些學分抵免選修，我才順利升上法律系三年級。三年級開始，除了加強復習功課外，遇到期中、期末考試時，我還特別向公家請假四個禮拜，專心在家準備考試，如此持之以恆度過了第四、五學年，終於在民國六十二年六月修滿一百四十九個學分，取得法學士學位，成功從台大夜間部畢業。

不知不覺間，我在經濟部擔任四等辦事員已滿三年，本來該調升薦任職八等科員，但因為我沒有高考及格資格因此無法升任。於是我鼓起勇氣向長官毛遂自薦，請調派至物價督導會報當薦派組員，政務次長接受我的請求，依照派用人員派用條例，讓我調升到物價會報薦派組員。這

▲台大夜間部畢業照，與同學在校園中傅斯年校長紀念亭前之合照

是我第一次主動爭取升遷機會，因為我自認現在的能力
足以應付更高階的職位與責任，所幸我的毛遂自薦有了
正面的成果，得到長官的肯定，我會在崗位上更加努力，
以不辜負長官對我的抬愛。

　　民國六十四年四月一日，我所在的物價督導會報會
同黃豆平準基金委員會共同召開會議，討論如何向進口
黃豆業者追討欠繳差價並進行對策擬定，討論到最後決
議採取法律手段，讓不熟悉法律措辭的會議紀錄者難以
下筆，在對方的要求下，讓我把相關細節銜接在原紀錄
後呈報長官核閱，其實在呈報長官檢閱之前，紀錄者就
應該將原紀錄重新整理，重謄一份後再行呈交，但卻草
率行事，長官察覺後雖未怪罪該名同事與我二人，但該
名同事內心仍自責不已，因此主動請辭兼職。這一空缺
長官改派我來兼任，後來我才得知，長官其實很賞識我
的法律背景，還獲得基金會兼職幹事一職，真是讓我始
料未及啊。後來，會議紀錄經常由我擔當，只是免不了
會遇到南腔北調這種讓人聽不懂的情形，我只好請發言
者將發言內容寫在空白便箋上，事後再作彙整的動作，
就這樣磨練出我一身的好本領。只要懂得變通，遇到的

困難也能迎刃而解，甚至化成自己的動力。而關於前述向業者追討欠繳差價一事，經通知後，已有部分廠商願意分期繳納欠款，剩二十二家頑抗不繳，不得已之下簽請孫部長核准委託律師向法院提起民事訴訟，我則負責承辦訴訟案件，同時搜集資料提供律師撰寫訴狀。

首次出國考察與一件小插曲

民國67年8月9日～70年11月28日（三年又三個月）

　　自民國六十五年一月開始委託律師對拒繳欠款的業者提起訴訟後，我便陸續承辦這個案件，過程中有些業者同意和解，有些則繼續上訴，在繁忙的工作中，我順利調升八等專員。

　　民國六十九年七月間，國內房價飆漲，行政院令經濟部指派人員至亞洲鄰近國家考察房地產價格變動之狀況以及當地政府所採取的對策。我代表物價會報成員，與組長陳朝威一同前往韓國首爾、日本東京與新加坡三地進行為期二十天的考察，回國後將考察成果作成報告

呈報行政院，作為我國研擬穩定房價及管理政策之參考。
二十天要完成三國的考察，行程上算是非常緊湊，所幸
我國駐外代表處非常盡責，不但提供我們所需的資料、
給予我們意見，還陪同我們至各地造訪建設公司、參觀
大型社區之興建與公共設施建造情形，讓我們這趟出國
考察之行得以順利落幕。

返國途中發生了一起小插曲。當我們從新加坡樟宜
機場出境排隊登機，準備返國時，一位老太太揹著小孩
走到我們面前，拜託我們幫她攜帶行李出境，我因考量
到彼此素昧平生，加上我們本身攜帶裝滿資料的行李也
不輕，因此拒絕了老婦的請求，陳組長很同情老太太，
命我幫忙老婦攜帶行李，但我仍堅決不從，使得組長對
我頗有微詞，認為我不通人情，回國後除了向長官報告
考察情況之外，也提到我在機場不服從他的命令，拒絕
幫老婦托帶行李的事情。長官仔細分析後認為，幫人托
帶行李並非我的職責，因此我不必接受組長的命令，且
倘若行李中夾帶違禁品，被海關查出，屆時我將百口莫
辯，有理也說不清了。聽聞長官明確的分析後，陳組長
才領悟我的拒絕是有道理的，之後對我再也不心懷芥蒂

了。事後回想，當下若是能夠明白地告知組長我心中的想法與顧慮，或許也不會造成組長對我的誤會，或是長官採信組長的話，即便我的立場正確，現在我可能被迫離開服務單位四處流浪了，可見我在人際應對上應該還需要多多磨練才行。

不停歇的尋根之旅

民國 70 年 11 月 29 日～78 年 12 月 31 日（八年又一個月）

我負責的對進口黃豆業者索討欠款的訴訟，歷經五年餘終於有了突破性的進展。民國七十二年一月，最高法院判決黃豆平準基金會勝訴確定，經強制執行後已追回了近八成的欠繳差價，我因而獲選為七十二年度經濟部所屬機構優秀員工，榮獲趙部長頒發獎狀及獎牌表揚。這是自我調到經濟部物價會報這十二年以來，首次得到的榮譽，我也以此深感榮幸。

翌年，我晉升為綜合組第一科科長，負責管考業務，

長官同時還指示讓我這一科新增兩項業務範圍，一是接手原調研組第二科（農經科）主辦之黃豆基金會收繳差價業務，二是接手原綜合組第三科（事務科）主辦之檔案及資料室業務。這是長官為了平衡各科業務作出的決策，增加我這科的工作內容，加重職責是為了讓我們有空間發揮能力，我也能理解長官想藉機磨練我們的苦心。

　　民國七十六年六月，長子濟民剛從金門退伍，正準備回家，那時我們已搬到羅斯福路五段的公寓，裡面的房間本就不多，其中一間房已由二子與三子所使用，而退伍回來的長子無床可睡，只能暫時睡在地板上，我和內人才驚覺到房間太小，非換屋不可。我們夫妻倆利用星期假日查看報紙的售屋廣告，一看到條件不錯的便按圖索驥去看房子。看了幾家後，最後來到和平東路三段崇德街上一棟新建的公寓，位於二樓的房間正在出售。我們不知是新建戶，按了門鈴久久沒有回應，返回樓下後發現是建設公司的待售房屋接待處，才進門詢問。售屋小姐向我們表示：「目前一樓只剩兩戶要出售，每戶都是樓中樓，共三十七坪，可以隔成四房，現在一坪單價不到九萬，總價才三百三十萬，只要先付二十萬的訂

金就可簽約。」我想可能是建商在出清存貨吧，才會如此划算，有些心動，於是要求售屋人員帶我們入內參觀。挑高五米的客廳空間感十足，樓上樓下各有兩間房，主臥室在樓上，樓下則有餐廳、廚房與二間衛浴，我跟紅梅看了很是中意，隔天籌足 20 萬元就奔去簽約，同時賣掉內湖的房子，籌得一百八十萬來付自備款，剩下不足的一百三十萬就向銀行貸款，等辦妥所有權登記後，就迅速搬入新家，這才解決了子女長大後空間不足的問題。

　　搬家後，我們倆老再來要面臨的是子女畢業後出路的問題。三子濟元（五十四年次）高中畢業後，因為升學考試考不好，先去當兵，退伍後再去學電腦及程式設計，因為成績優異而被推薦到聲寶公司就業，當程式設計師，但各分公司修改程式頻繁，一人實在無法負荷，做了一年九個月後終於下定決心辭職。但三子對電腦工程學問興趣濃厚，從事程式設計師這個工作讓他自覺基礎沒有打穩，因而萌生留學深造的想法。不久，長女麗娟（五十六年次）從高中附設的服裝設計科畢業，考試也不理想，因此放下升學的念頭先去就業，三年間就換了三間公司，都是在設計初稿階段就頻頻被要求修改或

退回重做，有時候還帶回家熬夜修改設計，但還是被老闆退件，因此體認到服裝設計是門大學問，也發覺到自身能力的不足，因此想到日本留學進修。如此一來，兄妹二人有志一同都決定赴日留學，既然兄妹都已下定決心，我思忖一下目前家裡的經濟狀況後，狠下心答應讓兩位年輕人去追逐他們的夢想。

　　當初為了買下和平東路的家，向銀行貸款了一百三十萬的部分已經用賣掉羅斯福路的舊屋所得到的一百五十萬來清償，手邊剩下三十萬的餘額就拿來作為兄妹二人的留學費用。決定好之後，兩人便在民國七十八年四月一日啟程飛往日本。到達日本後，預定先在池袋日光日語學校先修日語一年。不料只讀完一個學期，三子才發覺日本並非理想的電腦進修之地，因此取消之後的課程返回國內。回來後在台中的王安電腦公司擔任講師，講授程式設計課程，然而三子還沒有放棄留學夢，打算先工作幾年賺取到美國念書的經費，經過兩年賺得的錢加上我的貼補，終於足夠支付美國語言學校的費用，於是便立馬飛奔至加州的 LCP 美語學校，但學了一年的美語後，考試未通過面臨重修的處境。重修需

要再花一年，也需要龐大的學費，三子當然不願再虛耗時光，決定回國到南陽街補習英語，只花了四個月的時間就通過了托福考試，趕上八月的開學註冊時間，順利地成為加州私立國際大學電腦工程學系的新生。

另一方面，長女則在日語學校穩定的念完一年，順利考取私立東京田中千代服飾專門學校就讀，在二年級時參加日本文化節外國留學生服裝設計比賽，在五十六件的參賽作品中，脫穎而出，獲得第一名殊榮及獎金20萬日元，不僅讓我與有榮焉，也為台灣爭了一口氣。

到民國七十八年，我擔任公職屆滿二十五年，已符合退休的資格，加上工作上一些因素，便以罹患腰部脊椎關節炎為由，申請自願退休，離開服務十八年的經濟部物價督導會報，在我退休後不久便改制升格為行政院公平交易委員會。

當時居住的房子對一家六口來說仍然有點小，所以再換另一間坪數大的房子的念頭一直存在我腦海中，除了平日留意住宅廣告外，也將現有的房子委託給房仲業者銷售。退休第一天就遇到仲介小姐帶客人來看屋，對方一看就很中意，隨即到仲介公司進行簽約，以一千兩

百五十萬元成交，在崇德街住了將近二年的樓中樓就這樣易主了，既然已經簽約完成，我們必須在一個月的期限內搬走。這下子，找尋新家的動作就要加快。終於找到位於文山區指南路三段一棟新建預售屋，為五十七坪的樓中樓，有六房二廳三衛，有些部分尚未完工。我們以九百二十萬買下這間預售屋，離交屋期限只剩兩天。因為內部裝潢還沒弄好，我們只能先暫時租屋度日，透過報紙找到位於八德路公路局站旁的公寓地下室的出租廣告，便火速跟房東洽談細項，付了租金，取得鑰匙，於隔天（亦即九月一日）搬到租屋處，及時交屋給新屋主，取得尾款款項。新的住處位於地下室，堆滿家具後只剩些許的活動空間，倒也夠讓我和內子與二隻狗二人二狗安身一陣子。此時正值非常時期，只能讓長子與次子到友人家暫住一段時日，而三子與女兒人在國外，也就免去居住不便的煩惱。

　　租屋處由於位於地下室，並沒有供應自來水，只能走路到對面公路局車站取水與盥洗，每次走動也要十幾分鐘，每天要來回好幾趟，只能苦中作樂，當作散步一般養生保健。不過這時候紅梅仍照常到新店打工，但通

勤路線改變了，需要提早些時間熟悉路段，等過陣子熟悉後就無須再提早出門了。

　　沒多久，新買的木柵樓中樓終於完工，我們便從中崙的地下室搬到木柵新家，由於住在地下室只有短短一個禮拜，因此我們向房東退租時，房東還退還我們五千元的租金，讓我們十分感激。我們的木柵新家是五樓連棟式公寓，附有地下室停車場，鄰近政治大學，對面則是北政國中的校區，我時常到學校操場上做早操、慢跑、打羽毛球、籃球等運動。北政國中再過一座水泥橋，便是政大校區，那附近有圖書館、書局、餐廳、理燙髮廳等，生活機能十分便利，再走出校門便是指南路二段的商店街，除了購物方便，到台北的公車班次也很多。

　　三子原本要與女兒一起到日本修習日語，卻在半途放棄然後返回台灣，兩人在當地租用的雙人房如今只留女兒一人使用，不僅空間過大也浪費租金，為了減經租金負擔，搬離雙人房勢在必行。因此，在民國七十八年年底，我到東京女兒租屋處商討對策，考慮到若透過校方或房東來安排需要一段時間，實在緩不濟急，最終父女倆決定靠自己的力量找房子。我們翻閱從書報攤買回

來的住宅情報，花了一整個上午，最後決定去看看一間
九坪大小的木造房屋一樓房間，租金僅要三萬日幣，是
原雙人房的一半不到，條件很吸引人，於是立刻趕到刊
登廣告的仲介公司處去確認屋況。在女兒也覺得合適的
情況下，旋即便簽好約付完租金，緊接著收拾為數不多
的行李搬到新租屋處。前後花不到一星期的時間就將女
兒的租屋問題給解決了。

五十七歲再度就業

民國79年9月1日～91年6月30日（十一年又九個月）

　　三子濟元及女兒麗娟的出國留學費用，每月就需要
七萬多元，我每月的退休金只有四萬元，就算倆老不吃
不喝，也還有三萬塊錢的差距，為了支援兩個孩子在國
外留學所需的生活開銷，不讓他們有後顧之憂，我以
五十七歲的年紀再度踏入職場，我現在的身體除腰部生
骨刺外，其他部位都還堪稱健康，我盤算著，我到七十
歲還有十三年的時間，趁著身體硬朗繼續在社會做一點

事，除了為孩子打拼之外，也能增加社會歷練，身體也能因為多活動而不至於容易生病，一舉數得。諸多設想下，退休後隔了一年，我內心燃起二度就業的一把火炬，每天看報紙上的徵人廣告，遇有適合的工作就去應徵，沒有一分踟躕。因為年紀與體力的限制，我能選擇的工作類別不算多，但只要有機會，我都先去面試再說（二度求職經歷詳見第一部分）。直到女兒嫁做人婦、三子博士班畢業，我才卸下家中經濟重擔，結束我長達十一年的二度就業，此時我已六十九歲。

因緣際會下，我開始動筆記下過往人生的一些片段回憶，試著從中發掘我那時未曾細想過的心情與體會，我的一生泰半在風風雨雨中度過，但我從不曾喊苦，因為總有貴人適時的拉我一把，讓我擁有從低谷中向上攀升的勇氣，而我也很感謝一直陪在我身旁的妻子，為了這個家的犧牲與奉獻，沒有她，我想現在可能會是截然不同的局面。人生的逆境，每個人都會遇到，你要逃避閃躲，還是積極面對？如果我的人生故事若有能激發你的隻字片語，將是我無上的榮幸，亦是我下筆的初衷。

附錄
Appendix

串連人生的縮影

1933 出生台北酒廠

1937 七七蘆溝橋事變

1938 第二次世界大戰

1940 入學南港國小

1945 台灣光復

1946 就讀台北工職

1947 二二八事變

1947 父親病逝

1949 三七五減租

1949 初職畢業

1950 韓戰爆發

1951 美援開始

1954 入伍關東橋基地

1955 就讀開南商工補校

1958 八二三砲戰

1956 再度入伍

1959 考進樹林酒廠

1960 結識髮妻

1961 長子出生

1962 調公賣局業務員；次子出生

1964 地方特考及格；就任里幹事

1965 美援停止

1965 三子出生

1967 長女出生；就讀台大夜間部

1969 調任陽明山管理局財政科辦事員

1971 調任經濟部辦事員；母親病故

1972 擁有第一間自宅

1973 台大夜間部法學士畢業

1974 毛遂自薦官途升

1978 調升八職等專員

1979
中美斷交；
美軍撤台

1980 國外考察

1981 赴日研習

1984 晉升科長

1987 解嚴

1987 再度換屠

1989 公職退休

1990 二度就業

2002 二度退休

2008 全球經融海嘯

2008 著手回憶錄

2011 投稿落選

2012 總統大選

2012 出版《誰說現在學
日文太晚》

2013 出版《因為堅持
讓夢想變簡單》

2014 桃園升格直轄市

2014 著手《台灣囝仔
的草根人生》

2015 新加坡前總理
李光耀病逝

2015 出版《台灣囝仔
的草根人生》

台灣囝仔的草根人生

出版者●集夢坊

作者●林有財

印行者●全球華文聯合出版平台

出版總監● Elsa

副總編輯● Sharon

責任編輯● Dorae

美術設計● Momo Chen

內文排版● Jessica

國家圖書館出版品預行編目（CIP）資料

台灣囝仔的草根人生 / 林有財著.
-- 新北市：集夢坊，民104.7
面； 公分
ISBN 978-986-91398-3-0（平裝）
1.日記 2.散文 3.人生回憶

783.3886　　　　　　　　　104004162

台灣出版中心●新北市中和區中山路 2 段 366 巷 10 號 10 樓

電話● (02)2248-7896　　　　傳真● (02)2248-7758

ISBN ● 978-986-91398-3-0

出版日期● 2015 年 7 月初版

郵撥帳號● 50017206 采舍國際有限公司（郵撥購買，請另付一成郵資）

全球華文國際市場總代理●采舍國際 www.silkbook.com

地址●新北市中和區中山路 2 段 366 巷 10 號 3 樓

電話● (02)8245-8786　　　　傳真● (02)8245-8718

全系列書系永久陳列展示中心

新絲路書店●新北市中和區中山路 2 段 366 巷 10 號 10 樓　電話● (02)8245-9896

新絲路網路書店● www.silkbook.com

華文網網路書店● www.book4u.com.tw

跨視界 · 雲閱讀 新絲路電子書城 全文免費下載　新·絲·路·網·路·書·店 silkbook●com